L'AGRICULTURE EN [...]

[...] AVEC LE LIBRE-ÉCHANGE.

[...] DU CONGRÈS CENTRAL D'AGRICULTURE

DE 1847;

PAR M. MUZARD,

[...] de la Société royale et centrale d'agriculture, de l'Académie royale de médecine,
membre de la Légion d'honneur,

[...] AU CONGRÈS CENTRAL D'AGRICULTURE PAR LE COMICE AGRICOLE
DE NOGENT-LE-ROTROU.

> Propriétaires du sol arable, pour vous séparer
> des protectionnistes, on vous dit que vous n'êtes
> pas protégés ; prenez-y garde, pour moi, il y va
> de votre fortune.
> Et vous, propriétaires de Vignes, soyez bien
> certains qu'avec le libre-échange vous ne ré-
> colterez pas un grain de Raisin de plus sur
> vos ceps et que vous ne vendrez pas vos vins
> un centime de plus , si même vous n'êtes forcés
> de les vendre quelques centimes de moins.

Que deviendrait la France avec le libre-échange? — Telle
est une des questions à l'ordre du jour.

Comme l'agriculture est, sans contredit, la principale
source de la richesse et de la puissance de la France ; comme
sa prospérité ou sa décadence influe d'une manière re-
marquable sur les consommations, et, par conséquent,
augmente ou diminue proportionnellement le travail et
le bien-être de la classe des travailleurs ; comme sa prospérité ou sa décadence influe sur le revenu de l'État, c'est
par les faits qui se produiraient dans l'agriculture française par le libre-échange, qu'il importe le plus, peut-
être, de commencer l'examen de la question générale. Je
vais ébaucher l'ouvrage, d'autres plus habiles le perfection-
neront ; mais, avant d'entrer en matière, quelques réflexions

préliminaires me paraissent indispensables ; je demande qu'on me les pardonne.

Posons d'abord nettement la question. Je raisonne donc comme si la France abolissait les droits de douanes ou les droits protecteurs qui pèsent, à leur entrée en France, sur les produits agricoles similaires aux nôtres, et sur ceux qui pourraient, dans la consommation intérieure, se substituer à ceux que nous produisons.

Je raisonnerai même comme si les autres nations devaient suivre notre exemple.

Je sais bien que ce qui est arrivé à l'Espagne et au Portugal, pour n'avoir pas assez protégé les industries nationales contre les industries étrangères ;

Je sais bien que l'expérience encore si récente du Zollwerein, qui lui fait fermer tous les jours un peu davantage ses frontières aux produits étrangers, afin d'augmenter le travail et la richesse nationale ;

Je sais bien que l'histoire de l'Angleterre, qui démontre que sa richesse et sa puissance colossales dérivent principalement d'un acte protectionniste poussé au dernier point, et qui a permis à sa marine des développements tels qu'il n'était peut-être pas raisonnable, d'abord, de les espérer ;

Je sais bien, dis-je, que toutes ces raisons feraient que les autres peuples ne seraient pas assez simples pour nous imiter sans réflexions ; mais enfin je raisonne dans le sens le plus exagéré des libre-échangistes, pour voir où cela nous conduira par rapport à l'agriculture de la France.

Si tous les peuples étaient réunis sous un même gouvernement, s'ils ne formaient qu'une seule nation, on pourrait dire, il est vrai, qu'importe que la France, que l'Espagne, que l'Italie, que l'Allemagne, que la Belgique, que la Hollande, que la Prusse, que la Russie aient de l'industrie, si l'Angleterre a une industrie suffisante pour fournir à toutes ces nations ? qu'importe que toutes ces nations aient des céréales, si quelques points du globe, de la Russie par exemple, et quelques points de l'Asie ou de l'Amérique peuvent nourrir toutes les populations que nous venons de citer.

Qu'importe ? dira-t-on : toutes les nations s'attacheront à quel-

ques, industries locales, plus lucratives chez elles que chez toute autre, et avec les produits de cette industrie elle payera sa nourriture, ses vêtements et les produits des industries des autres peuples dont elle voudra jouir. Si son industrie locale ne peut être étendue, elle restera peu nombreuse, et voilà tout ; elle n'aura pas au moins une industrie factice, comme on en voit sous le régime protecteur.

Ce raisonnement peut être assez juste avec un seul gouvernement pour tous les peuples ; encore il y aurait, dans l'état actuel des populations, la question de savoir comment on ferait pour donner du travail aux populations qui vivent d'une de ces industries factices et qui verraient tout à coup les sources de leur subsistance s'échapper.

Ce gouvernement d'un seul, ce gouvernement de la Divinité, n'est malheureusement pas possible, et il faut forcément voir ce qui se passerait avec le libre-échange dans l'état actuel des peuples.

Mais comment raisonnerons-nous ?

Le meilleur moyen serait, sans aucun doute, d'étudier, dans l'histoire des peuples, les phases de leur industrie et de leur commerce respectifs et d'en tirer des inductions. Mais ce serait un travail de bien longue haleine ; les erreurs pourraient y devenir fréquentes, et, dans ce cas, des armes puissantes pourraient être données aux adversaires comme aux partisans du libre-échange, et la lutte se prolonger bien longtemps, trop longtemps, au gré de notre impatience.

Comment donc raisonner, si ce n'est sur des hypothèses, sur des probabilités ? Les libre-échangistes ne font pas autrement ; on a beau chercher, on ne voit pas, en effet, sur quelle autre base on se placerait.

En prenant celle des analogies, les libre-échangistes ont quelque raison de les rejeter : les analogies dans le passé ne sont pas justes, disent-ils ; elles sont tirées de faits qui seraient tout autres, si, au lieu d'être partiel, le libre-échange avait été général (1).

---

(1) Ainsi, quand on leur dit, par exemple, que beaucoup de nos fabriques de coton tomberaient si on permettait l'entrée sans droits aux co-

Restent donc les hypothèses : c'est un mauvais, un fort mauvais moyen de raisonner ; mais quand on n'en a pas d'autres, comment faire ? Comment faire quand il s'agit de discuter sur un système qui dit : *Il arrivera telle chose,* par telle et telle raison, et quand on prétend qu'il arrivera telle autre chose, par telles ou telles autres raisons.

La difficulté est si grande qu'elle est insurmontable pour nous, et, à l'exemple des libre-échangistes, nous raisonnerons donc par hypothèses et le moins possible par analogies.

Une autre difficulté se présente quand on traite le sujet dans le sens contraire aux libre-échangistes : c'est, d'abord, qu'on a contre soi le lecteur, parce qu'on semble à ses yeux défendre un privilége ; et c'est ensuite, quand on pousse les probabilités qui découlent de la logique à leurs extrêmes, c'est ensuite, dis-je, qu'on arrive à des résultats tels que le lecteur est porté à les regarder comme des exagérations d'une monomanie, et qu'alors toute la justesse des probabilités, toute la vérité des faits, toute la force de la logique ne sont plus comptées pour rien. On accorde sa confiance à celui qui dit qu'il prend l'intérêt des masses contre les monopoleurs de priviléges, comme on appelle tous ceux qui ont une fabrique protégée, et on retire cette même confiance à celui qui défend le privilége, qui défend cette protection qui jusqu'à présent a paru être cependant dans l'intérêt des masses, par la raison qu'elle donne du travail à un grand nombre, et dont la cessation jetterait la famine à des classes ouvrières.

J'entends déjà crier à l'exagération. *Non,* dira-t-on, *la population déshéritée d'une industrie ne mourra pas de faim, elle se livrera seulement à une autre industrie.* Comme si les populations ouvrières étaient des métiers qu'on transportait à volonté d'un lieu dans un autre ; comme si c'étaient des métiers qu'on pouvait mettre provisoirement sous le

---

tonnades anglaises et de l'Inde, ils ont répondu qu'elles ne tomberaient pas si on laissait exempte de droits l'entrée des cotons, des fers et des charbons étrangers, ce qui permettrait de fabriquer les cotonnades à bien meilleur marché et permettrait aux cotonnades françaises de supporter la concurrence des cotonnades étrangères.

hangar; comme si, en supposant même qu'on pût les trans-
porter facilement, elles ne viendraient pas alors disputer le
travail à celles qui en étaient d'abord en possession , et qui
probablement, grâce à la concurrence illimitée de l'industrie , ont déjà elles-mêmes tant de peine à en vivre.

Est-il donc, dans l'examen de pareilles questions, si facile
de se défendre de ce qui paraît aux autres des exagérations !
Non, ce n'est pas si facile. Ces grandes mesures d'économie publique qui font la fortune ou la misère des nations
n'exercent leur influence que petit à petit, à la longue, et
celui qui n'a pas approfondi ces questions n'a pas la con-
science de leur portée. Il croirait, si on lui disait que le mal
n'arrivera qu'à la longue, qu'on peut essayer, qu'il n'y a
pas de péril en la demeure, et il se laisserait endormir à
l'espoir d'une prospérité future. Dans ce sujet par exemple, il
pourrait croire que l'abolition de la protection donnée à une
industrie diminuera le prix des objets de cette industrie au
bénéfice de tous les consommateurs, et il n'apercevra pas
que cette industrie peut tomber, en entraînant dans sa
ruine tous ceux qui en vivent ; il ne verra pas que le même
principe adopté successivement pour toutes les autres industries nationales peut en réduire ainsi le plus grand nombre
au néant. L'observateur est donc plutôt porté vers le libre-
échangiste que vers celui qui défend la doctrine contraire.
Déjà certaines classes ouvrières, trompées par ces idées,
d'avoir toutes les productions de la vie à meilleur marché,
se rangent du parti du libre-échange et commencent à jeter
un regard de colère contre toutes les industries protégées,
et qu'on leur représente comme des industries s'enrichissant
à leurs dépens.

Je demande donc à celui que ces lignes intéresseront,
qu'il prenne mes assertions, mes exagérations, s'il le veut,
pour ce qu'elles sont, c'est-à-dire, seulement pour des probabilités qui ne se réaliseraient, dans ce qu'elles ont de plus
fâcheux, que si le système du libre-échange était suivi
en France dans toute sa pureté.

Voyons à présent quels pourront être les effets, sur

1*

l'agriculture de la France , de l'adoption du libre-échange.

Je commencerai par la production du Blé.

En France , cette production du sol domine toutes les autres : à tort ou à raison, le pain de Froment est la nourriture du peuple, et le Blé est le principal revenu de l'agriculteur, le revenu qui lui apporte le plus d'argent brut ou net ; je n'examine pas cette question (1) ; et c'est avec cet argent que le cultivateur paye son fermage et ses impôts, et le bénéfice qu'il attend de son industrie ; c'est cet argent qui fait donc l'aisance du fermier, du propriétaire exploitant pour son compte ou à moitié , et du propriétaire de biens affermés ; c'est cet argent qui fait une grande partie des revenus publics par l'impôt territorial , par les droits de mutations ; c'est cet argent qui fait vivre en très-grande partie les industriels français, en leur donnant les consommateurs les plus nombreux, les plus certains , les plus indépendants des convulsions politiques , c'est-à-dire les propriétaires , les cultivateurs, et toutes les industries qui vivent du produit du sol,

D'où provient donc le prix du Blé?

Dans l'état actuel des choses, ce prix provient, en partie, de la valeur même du sol ; or il y a deux causes de cette valeur : la première est que le goût de la propriété étant un goût général, et nos lois permettant heureusement à chacun de posséder, il en résulte une concurrence très-vive relativement à la possession du sol ; la seconde cause qui fait rechercher cette possession est que, le sol étant une fabrique dont les produits sont de première nécessité et d'une vente toujours assurée sous nos lois commerciales actuelles, elle donne des revenus plus certains que toutes les autres, et elle est très-recherchée de beaucoup de personnes qui aiment mieux placer leur argent à petit intérêt, mais d'une manière moins aventureuse ; le sol comme fabrique est donc celle qui coûte le plus

---

(1) Il me semble inutile de dire ici que je prends l'agriculture française en masse et non dans les exceptions que présentent les départements et même quelques provinces en particulier, relativement à la production du Blé.

cher, et le nombre des propriétaires fonciers est considérable.

Or il est incontestable que le Blé est le principal produit du sol arable ; et son prix est assuré, tout le monde le sait, au moyen du droit mobile qui ferme de plus en plus la porte aux Blés étrangers, à mesure que le Blé indigène baisse de prix sur nos marchés ; son prix est même assuré contre l'abondance exceptionnelle de quelques années par un accroissement de la population qui dépasse, il faut le dire extrêmement haut, d'une manière sensible évidemment, l'accroissement de la production des subsistances.

Le Blé ne baisserait donc en France que si l'échelle mobile, si le droit protecteur venait à être supprimé, ce qui permettrait aux Blés étrangers de venir faire concurrence aux nôtres sur nos marchés (1).

Une autre raison encore de la valeur des céréales, c'est que la main-d'œuvre, dans les campagnes, a haussé de prix ; c'est que, tout le monde le sait, les gages des valets de ferme et des ouvriers ont haussé par toute la France. Je ne recherche point ici le pourquoi et si c'est un bien ou un mal, je constate seulement un fait, fait qui élève le prix de toute denrée agricole et, par conséquent, du Blé comme de toutes les autres.

Maintenant voyons ce qui a lieu dans quelques autres contrées du monde, par rapport au prix de revient du Blé.

Dans la Russie méridionale, le terrain a peu de valeur : la population Serve et rare permet de laisser la plus grande partie de ce terrain sans culture et abandonné au parcours du bétail, rassemblé en grands troupeaux ; un dixième du sol, dans certains lieux même un vingtième seulement, est cultivé en céréales pour le propriétaire ; mettons un dixième : un autre dixième est abandonné à la population pour sa nourriture, pour ses corvées, et les huit dixièmes restants sont livrés au bétail. Les impôts sont insignifiants comparativement à ceux qui grèvent chez nous la propriété.

---

(1) Les libre-échangistes prétendent que ce que je dis là est une absurdité en ce que l'échelle mobile n'a pas pour effet de protéger le Blé contre l'introduction des Blés étrangers : nous examinerons leur raisonnement dans un autre article.

Dans cette Russie méridionale, quand on veut cultiver le Blé, on ne fume pas ; on ramène les troupeaux plus particulièrement sur la terre à labourer ; les animaux y déposent non-seulement du fumier, mais ils détruisent les plantes qui y sont venues et leurs germes à mesure que ceux-ci se développent : la terre est donc passablement débarrassée des mauvaises plantes et légèrement fumée ; un repos de sept à huit années l'a, du reste, suffisamment préparée à la production du Blé.

C'est dans cet état du sol que la population Serve arrive. Pour payer ses corvées, pour payer la location du sol qui lui est alloué pour sa subsistance, elle laboure le sol, l'ensemence, le récolte et mène les denrées là où le propriétaire le veut, et tout cela sans qu'il en coûte un sou de déboursé à ce propriétaire, sans qu'il ait presque de prévision à avoir, aucuns soins à prendre autres que celui de conserver la quantité de semences dont il a besoin annuellement et d'appointer quelques surveillants. Son sol est là ; la population obligée de le cultiver est là ; les bestiaux qui servent à le nettoyer sont là ; enfin la fécondité du sol est revenue d'une manière certaine par le long laps de temps écoulé depuis la dernière culture en céréales ou en plantes épuisantes. — Les transports aux marchés acheteurs sont plus difficiles, il est vrai, qu'en France ; mais, quand on sait qu'ils sont faits par les chevaux du propriétaire, par ses Serfs ; que les premiers vivent sur les steppes où sur le sol non cultivé où ils s'arrêtent pour passer les nuits ; quand on sait que les Serfs qui conduisent les convois sont obligés de se nourrir avec les approvisionnements qu'ils se sont faits eux-mêmes, on est bientôt convaincu qu'en ces régions les convois coûtent bien moins cher encore aux propriétaires à travers les plaines et les champs incultes, que les mêmes convois sur nos belles et magnifiques routes et avec les stations obligées dans nos auberges.

Qu'advient-il donc de ce Blé quand il est rendu dans les ports de la mer Noire, où le commerce maritime l'achète ? C'est qu'il est à un prix très bas, c'est que ce prix est presque tout bénéfice net pour le propriétaire qui l'a envoyé au marché. Ce prix, dans l'année 1845 et même en 1846 au

commencement, n'était que de 4 fr. l'hectolitre (1), et il ne
s'est élevé au prix actuel de 7 à 8 fr. que depuis que la France
et l'Angleterre ont fait des commandes considérables dans
les ports de la mer Noire.

Maintenant ajoutez à ce prix de 4 fr. les frais de trans-
port et les frais de débarquement en France, calculez, et
vous verrez si le cultivateur français qui doit vendre 17 à
18 fr. l'hectolitre de Blé pour se tirer d'affaire, comme on
dit, pourra cultiver le Blé en France sur le littoral ; calculez
ensuite si, avec la facilité des transports au moyen des che-
mins de fer, et des canaux, et des fleuves navigables jusqu'au centre de la France, il pourra cultiver le Blé même
au centre de notre Auvergne, de notre Limousin, de notre
Berry : le calcul n'est pas difficile à faire, et la réponse est
indubitable ; non, le cultivateur en France, *avec la libre
importation du Blé étranger*, ne peut pas cultiver le Blé au
prix de la rente actuelle du sol (2).

Que serait-ce donc, une fois que l'importation deviendrait, au moyen du libre-échange, une affaire commerciale
bien organisée, pourrait devenir un système de navigation
bien établi ? Non-seulement le prix de la navigation et le
prix des transports dans l'intérieur de la France diminue-
raient, mais encore le propriétaire des provinces de la mer
Noire, s'enrichissant par la vente de ses Blés, s'y adonne-
rait d'une manière plus spéciale, mieux entendue, l'augmenterait indubitablement et pourrait nous donner encore à
plus bas prix son Blé. De là une réaction croissante sur nos

---

(1) *La Sentinelle des campagnes* de Bruxelles, n° du 10 février 1847,
dit (article *Les céréales en Russie*) : Dans la plupart des gouvernements
de la Russie méridionale, le prix moyen d'un hectolitre de Blé ne s'élève
guère, sur les lieux de production, au-dessus de 4 fr. à 4 fr. 50 c.

La Presse du lundi 15 février dit, page 2, colonne 2, ligne 5 : *La car-
gaison d'un navire parti de la Crimée avait valu à un courtier de 4 à 5 fr.
par hectolitre ; c'est le prix que coûtait, au lieu d'expédition, l'hectolitre
de Blé lui-même.*

(2) Je vais citer un exemple de ce que peut coûter la culture du sol
quand ce n'est pas le fermier économe qui fait valoir, quand c'est le propriétaire lui-même qui cultive à façon. Cette année 1847, je fais cultiver

marchés et une baisse progressive à mesure que la culture s'améliorerait et s'augmenterait autour de la mer Noire.

Mais cette baisse du prix du Blé en France sera un grand bien, s'écrient aussitôt les libre-échangistes ! C'est justement là où nous voulons arriver : avec la baisse du prix des Blés, baisse de la main-d'œuvre, baisse dans le prix des objets manufacturés, possibilité de faire concurrence sur nos marchés aux produits similaires des autres peuples, et même possibilité de leur faire concurrence sur les marchés étrangers.

Je demande d'abord s'il y aurait avantage dans le cas où, par la baisse du prix du Blé, on n'arriverait qu'à permettre à nos produits industriels de faire concurrence sur nos marchés aux produits similaires étrangers ; je le demande, dis-je, s'il y aurait là un avantage quelconque, puisqu'il n'en résulterait qu'une baisse dans le prix de toutes les denrées proportionnelle à la diminution des salaires, et qu'il n'y aurait aucune augmentation de richesses pour les autres classes de la société.

Je m'attends bien qu'on répondra que la baisse du prix des denrées amène une consommation plus grande, et que cette consommation plus grande est une source de travail et de richesses. Je conviens que cela arrive quelquefois, mais

---

en Orge une petite pièce de 38 ares (75 à 76 perches). — J'y fais donner trois labours et un hersage ; cela me coûtera. . . . . 30 fr. 00 c.

J'y jette pour engrais en chair de cheval desséchée. . . . 60 00

J'y mets trois quarts d'hectolitre d'Orge pour semence à 15 fr. (il coûte dans ce moment 24 fr.). 11 25

L'impôt. 2 00

La récolte. 10 00

Le battage, criblage. 10 00

Intérêt du capital. — A 2 et demi en agriculture (à 20 fr. l'are, c'est une bonne terre). 18 75

                                                            142 00

Je récolterai 6 hectolitres à 15 fr. (bon prix dans les années ordinaires). 90

Je perdrai donc à ce calcul en 1847. . . . . 52 00

J'aurai pour me payer la paille d'Orge, et en 1848 une récolte d'Avoine de laquelle il faudra encore déduire les frais de culture et l'intérêt du capital.

c'est à une condition cependant, à une condition *sine qua non*, c'est que la richesse générale ne diminue pas ; et, certes, la richesse générale ne pourra augmenter quand le capital de toutes choses diminuera , et surtout quand la baisse du prix des céréales aura amené la souffrance de toutes les classes qui vivent du produit du sol (1).

En effet, cette baisse du prix du Blé produira la ruine des fermiers qui auront des baux à finir. Elle produira une sensible diminution dans les revenus des propriétaires exploitants ; elle produira une sensible diminution dans les revenus du propriétaire de biens affermés, qui sera obligé de diminuer le prix des baux expirants, qui sera obligé de faire des diminutions progressives sur le prix des fermages en cours d'exécution.

Jusqu'où ira cette diminution dans les revenus du sol ? Il est bien difficile de le prévoir ; mais ce qu'on peut dire sans risque de se tromper, c'est qu'elle sera très-grande : c'est que, en calculant le prix auquel les céréales de la mer Noire et du Levant, et les farines et les Maïs des États-Unis, pourront venir sur nos marchés, lorsque le libre-échange aura permis d'établir chez nous un vaste système d'importation, c'est que, dis-je, ces prix étant de beaucoup trop inférieurs à ceux des céréales en France, la fabrique agricole, chez nous, cessera de produire ; c'est que ceux qui en vivent cesseront de consommer ; c'est que le travail national et la richesse générale diminueront d'autant.

Le libre-échangiste bordelais viendra contredire ces données et fera des objections. La principale sera celle-ci : C'est *que le revenu du sol, fondé sur le Blé, n'est pas le seul revenu ; c'est qu'il y a encore les vins, dont la culture acquerra une extension d'autant plus grande, que les pays étrangers qui apporteront le Blé prendront du vin en échange. La culture de la Vigne remplacera donc la culture du Blé.*

---

(1) J'ai dit que je convenais que la baisse du prix d'une denrée en amenait *quelquefois* une plus grande consommation ; je dis ici que cette baisse de prix n'amène que rarement une consommation plus grande. Je reviendrai tout à l'heure sur ce sujet.

En mettant en fait que cela arrivera sur quelque point, ne doit-on pas placer en regard, d'une part la diminution des revenus des propriétaires d'une partie du sol, et d'autre part cette même augmentation de la culture de la Vigne et de la production du vin qui viendra faire une concurrence fâcheuse aux producteurs actuels de vins ? Mais c'est une question sur laquelle je reviendrai forcément. Passons à une autre considération.

On ne peut pas nier qu'avec le libre-échange on serait exposé, en cas de guerre maritime, à voir l'approvisionnement de la France sérieusement compromis ; on ne peut pas nier que même une récolte mauvaise, dans les pays qui approvisionneraient régulièrement nos marchés, ne puisse produire le même résultat : on tremble alors au sort qui serait réservé à la France.

Ce ne serait plus une nouvelle disette ; ce serait la famine, avec ses incendies, ses soulèvements, ses meurtres ; ce serait la moitié de la population se ruant sur l'autre moitié, et la massacrant pour lui disputer le peu de subsistance disponible. Mais écartons ces idées, ces prévisions trop réelles, qui forceront toujours, nous l'espérons du moins, à exceptionner les produits alimentaires de l'agriculture des théories du libre-échange, si jamais ces théories pouvaient prévaloir.

Quelques personnes auraient peut-être voulu que je démontrasse par des chiffres que le Blé en France ne peut être cultivé avec quelque bénéfice pour le cultivateur que si le prix de vente sur le marché est de 17 fr. — Mais qui ne sait à présent qu'avec une manière habile de grouper les chiffres on ne puisse leur faire dire tout ce qu'on veut ? Pour me répondre, un libre-échangiste prouverait, de son côté, qu'au prix de vente de 8 fr. le cultivateur français a encore intérêt à cultiver le Blé. Je n'ai donc point présenté de calculs ; j'ai adopté celui que les cultivateurs praticiens et en même temps calculateurs ont indiqué, et qui est regardé par tout le monde comme bien établi.

Maintenant il me faudrait examiner le second avantage que les libre-échangistes attribuent à la diminution du prix de la main-d'œuvre en France, celui de concourir à rendre quelques-unes de nos industries capables d'aller lutter avec les industries étrangères similaires sur le marché étranger. Le lecteur sentira que je ne puis entrer ici dans cette discussion, qui enfantera prochainement des volumes. — Cependant, par rapport à la richesse de l'État, il s'agirait de savoir si les classes appauvries par la cessation de la culture des céréales pourraient être remplacées par celles qu'un plus grand débouché à l'étranger de nos produits nationaux ferait surgir. — Sans discuter à fond la question, on conviendra peut-être alors, avec moi, qu'il est peu sage de sacrifier ce qui existe pour un inconnu. On conviendra encore que, si l'on peut espérer que quelques-unes de nos industries prospéreront sur le marché étranger, il est plus que probable que quelques-unes des nôtres périront chez nous, et que, dans cette lutte, il est au moins impossible actuellement de prévoir qui aura le plus d'avantage. — Je me bornerai donc, par rapport aux Blés, aux considérations qui précèdent, et je passerai à un autre produit de l'agriculture, moins important certainement, *les laines*, mais qui, par les questions auxquelles il se rattache, est peut être le second dans la grande culture en France.

Ce que nous avons dit de la culture du Blé en France, comparée à la culture des Blés dans la Russie méridionale, s'applique tout a fait aussi à la production des laines : ainsi la valeur plus grande du sol, en France, rend le prix de la laine plus élevé qu'en Russie. Là le système de culture qui abandonne les huit dixièmes de la terre au parcours du bétail permet d'avoir de nombreux troupeaux, presque sans soins et presque sans culture. Si je me le rappelle bien, sous la Restauration, des projets d'agriculture en grand dans la Crimée avaient pour but principal l'éducation des moutons mérinos ; les laines devaient être le grand produit de la terre. Les troupeaux, portés à quelques centaines de mille têtes, devaient approvisionner les manufactures de draps d'Angleterre, de France, de Belgique. Je le demande, qu'y avait-il là d'impossible, dans ces steppes immenses couverts de pâturages, avec une population de pasteurs dont tous les besoins se bornent au pain du jour et aux vêtements de la saison ?

Ce n'est pas tout : d'autres causes tendent encore à rendre la production de la laine même très-facile , dans des contrées où la production du Blé ne l'est pas ; ainsi, dans le nord de l'Europe, là où la longueur des hivers rend difficile la culture de la terre, cette même longueur des hivers n'empêche pas l'herbe des prairies de pousser. Au moment de la renaissance de la belle saison, les prairies sortent de dessous la neige par enchantement, elles poussent rapidement et donnent, comme dans les pays plus tempérés , des produits en raison de la fertilité du sol. De plus, une humidité abondante pendant les heures de nuit permet à des terrains peu fertiles de produire dans la belle saison assez d'herbes pour la dépaissance des troupeaux.

Ces deux raisons, ou plutôt ces deux causes , rendent le système pastoral plus avantageux dans le Nord , donnent intérêt à avoir des troupeaux plus nombreux et diminuent d'autant la valeur de la laine. Ces pays du Nord , par cette autre raison, ont donc, comme ceux du sud de la Russie, un intérêt à ce système pastoral. Il en est de même dans une partie de l'est de l'Europe, dans la Hongrie, dans la Valachie, dans la Transylvanie, dans la Bulgarie , dans la Turquie.

Enfin n'oublions pas que le cap de Bonne-Espérance envoie des laines aux manufactures d'Angleterre ; que la Nouvelle-Hollande possède d'immenses troupeaux de mérinos , que les troupeaux s'y accroissent en raison des vastes terres fertiles et pour longtemps incultes encore de ce nouveau monde ; que déjà des expéditions de ces laines ont été faites en Angleterre ; qu'enfin l'Amérique, si elle n'avait pas ses cotonnades, pourrait, quand elle voudra utiliser ses vastes savanes incultes, nous donner des laines pour rien , pour ainsi dire , puisqu'elle pourrait nous les donner à plus bas prix encore que ses cotons. Il y a peu d'années , une maison française de commerce de Montevideo avait commencé, sur les rives de la Plata, une entreprise agricole, fondée sur le produit de la laine mérinos, la guerre n'a fait que retarder les progrès de l'établissement.

Si donc les barrières de douanes qui empêchent les laines étrangères de venir faire une concurrence trop forte à celles que produit notre agriculture étaient tout à fait levées, qu'en résulterait-il pour nous ? C'est une question qui n'est pas douteuse certainement, mais qui demande encore quelque développement pour les personnes qui sont peu versées dans les choses d'économie rurale.

En France, par les raisons que nous avons exposées, le prix de fermage est très-élevé et le Blé est la denrée qui, plus que toute autre, sert à payer ce fermage, plus l'impôt et le bénéfice du fermier. Eh bien, dans beaucoup de parties de la France, dans le Nord surtout, le prix du Blé ne suffit pas à donner ces résultats ; la dépouille du troupeau vient combler le déficit, et, dans les années où la laine a été bon marché, nous avons vu le cultivateur, inquiet, obligé de retarder ses payements, et toutes les classes des campagnes se ressentir de ce malaise, et, par contre, les classes ouvrières des villes en souffrir. Eh bien, si ce malaise n'est pas momentané seulement, s'il dure, le fermier ne peut plus payer.

Si donc on permet la libre entrée des laines étrangères, si un système régulier d'importation s'établit, si la production étrangère, stimulée par une vente assurée, constante, augmente, et ce résultat est indubitable, adieu les bénéfices accessoires que les laines donnent à la culture en France : encore une des sources du revenu du cultivateur, une des sources de la richesse de la France de tarie.

Je sais bien que le libre-échangiste dira : *Non, cette source de revenu n'est pas tarie ; le cultivateur, forcé d'avoir des engrais, aura le même nombre de bêtes à laine pour avoir ces engrais ; mais la laine tombant à bas prix, le fabricant de draps fabriquera à meilleur marché et donnera ses étoffes à meilleur marché au cultivateur, qui avec moins de revenu aura les mêmes habits.*

On pourrait répondre à cet argument ce que j'ai déjà dit, je crois.

Mais à quoi bon alors votre système, puisqu'il laisserait les choses dans le *statu quo*, puisqu'il ne consisterait qu'à faire baisser le prix de toute chose proportionnellement, sans amener aucune richesse de plus? car, il faut le répéter sans cesse, la diminution de la valeur d'une chose n'en augmente la consommation que lorsque la richesse ne diminue pas proportionnellement; et bien certainement avec la diminution de la valeur des produits du sol, avec la diminution du travail dont cette valeur est la source, il est certain pour moi, et je puis dire presque prouvé pour tout esprit non prévenu, que la richesse générale sera diminuée proportionnellement.

Vous dites que ce fermier aura toujours des bêtes à laine pour avoir des engrais; mais, s'il ne vend plus son Blé, il n'aura plus besoin d'engrais, ou plutôt il n'en aura besoin que pour cultiver la portion de terre nécessaire à sa subsistance, et il n'aura plus guère de bêtes à laine que pour avoir la laine nécessaire à la consommation de sa famille.

Quant aux fabriques de draps, il est bien à craindre, au contraire, que, malgré le bas prix des laines, elles ne puissent plus soutenir en France la concurrence étrangère, puisque déjà le draw-back sur la laine étrangère suffit à peine pour qu'elles puissent revendre sur ces mêmes marchés les draps provenant de la laine d'importation; les fabriques de draps seront donc une de ces industries, factices selon le libre-échange, qu'il enlèvera à a France.

Mais ce n'est pas tout, une autre concurrence viendra encore arrêter la production de la laine, si la première ne suffisait pas, et faire concurrence aux fabriques de draps. Une fois le libre-échange établi, quelle part le coton et les tissus qui en proviennent viendront-ils prendre dans l'habillement et les usages des populations? C'est une question qui mérite bien d'être envisagée, d'être éclaircie s'il était possible. Je ne puis ici qu'en dire un mot.

Supposons donc que les droits établis sur les cotons et sur les tissus qui en proviennent soient supprimés; et cherchons ce qui doit en résulter; cela n'est pas difficile à trouver. Vous voyez les tissus de Coton se substituer successivement aux tissus de laine dans toute la classe ouvrière d'abord, parce qu'ils sont à meilleur marché; ensuite, et bientôt, pour peu que la fabrication de ces tissus se perfectionne encore, ils fourniront la plus grande masse de produits même aux classes restées aisées.

Le résultat de tout cela pour l'agriculture française, c'est que l'agriculteur, ne pouvant plus vendre son Blé, n'en produira que pour sa subsistance; ne pouvant plus vendre ses laines, il n'en fera plus que pour ses besoins, et pour filer dans son ménage ses propres vêtements qu'il ne pourra plus acheter.

Qu'on ne croie pas que j'exagère : il est des ménages en France, les cultivateurs praticiens de plusieurs parties de la France en connaissent parmi les ouvriers dont ils se servent, qui vivent avec les produits de leurs champs, qui s'habillent avec les laines et les Chanvres de leur culture, qui bâtissent et entretiennent leur chaumière, et qui ne gagnent juste en argent que ce qui est nécessaire pour payer leurs impôts, le peu d'ustensiles qu'ils emploient, et pour renouveler de temps en temps la vache, seconde nourrice de la famille.

Tel est le sort qui, en portant les choses à l'extrême, attendrait, avec le libre-échange, avec la libre importation des céréales et des laines, le grand comme le petit propriétaire du sol.

Quels impôts alors, quels revenus l'État retirera-t-il du sol ? Il en retirera des soldats, il est vrai, mais il n'en retirera pas l'argent nécessaire pour les nourrir et les armer. La plus certaine des sources de la fortune publique sera tarie.

Si je ne craignais de lasser le lecteur, je lui ferais voir encore que, depuis que les tissus de Coton ont envahi nos marchés, la demande du Chanvre a diminué dans nos campagnes, et que les populations de certaines contrées, employées autrefois à tisser les toiles et d'autres tissus de fils, sont tombées dans la misère; mais, comme la culture du Blé a succédé à la culture du Chanvre, le mal n'a été ressenti surtout que par certaines classes ouvrières, et l'agriculture en a peu souffert.

Il nous reste à parler d'une des autres ressources de la grande agriculture, de la production du gros bétail. Voyons, sous ce rapport encore, ce qu'il arriverait avec la concurrence étrangère.

Depuis quelques années, on a demandé l'abaissement des droits d'entrée mis à la frontière sur le bétail étranger, afin de faire diminuer en France le prix de la viande de boucherie; c'est un fait trop connu pour y insister; je n'ai donc pas besoin de faire voir qu'il y aurait encore de ce côté diminution des revenus agricoles; tout le monde le comprend d'abord. Je me bornerai alors à faire remarquer que c'est encore la perte d'un des forts revenus en argent de l'agriculture, et que ce sont ces revenus en argent qui, en agriculture comme en toute industrie, sont la richesse, en donnant des moyens d'échange.

Je n'ajouterai qu'un mot, c'est que j'ai acheté aux Maures de la rive droite du Sénégal, pour 50 francs, des bœufs de 400 kilogrammes; c'est que, dans certaines contrées de l'Amérique, ils ne coûtent pas davantage, moins encore; c'est qu'il ne paraît pas impossible de conserver la viande fraîche, en grande masse, en la plongeant dans le sucre; c'est qu'avec des transports maritimes bien organisés les bœufs d'Afrique et d'Amérique pourraient peut-être un jour revenir encore à meilleur marché que ceux d'Allemagne.

Si nous ôtons à la culture en grand en France le produit de ses Blés,

Le produit de ses moutons,

Le produit de ses bœufs,

Que lui restera-t-il?

Sont-ce les plantes oléagineuses? — Les produits extérieurs similaires, les huiles de l'Italie, de l'Espagne, l'huile de Sésame, ne permettent pas une culture lucrative sous ce rapport.

Sont-ce les plantes tinctoriales? Elles ne vivent en France que sous une protection spéciale.

Est-ce la Betterave à sucre? Elle ne résiste qu'au moyen d'un droit, qui la protège contre le sucre des colonies; et le sucre des colonies lui-même ne résiste devant le sucre de l'Inde qu'au moyen d'une protection.

Ce ne sera ni le Chanvre ni le Lin, dont la culture est déjà diminuée et tend à diminuer encore, sous la concurrence des Chanvres , des Lins et des Cotons étrangers.

Que cultivera donc la grande culture en France ? Je ne vois plus qu'une seule chose : la volaille et le gibier, qui seront servis sur les tables des possesseurs du petit nombre d'industries qui résisteront à la concurrence étrangère.

Quelle perspective pour un pays d'une population de 34 à 35 millions d'âmes, de voir la misère envahir certainement une partie de ses habitants, en même temps que l'autre partie serait dans la crainte de manquer de subsistances, si les pays d'approvisionnements réguliers venaient à éprouver un déficit important dans leurs récoltes, ou si une guerre quelconque venait arrêter les arrivages!

Quelle perspective attrayante que le libre-échange nous promet!

Mais la culture de la Vigne, mais le vin, mais les eaux-de-vie, s'écriera-t-on, les comptez-vous pour rien? Non certainement ; ils jouent un trop grand rôle dans l'agriculture de la France, un trop grand rôle surtout dans la question qui nous occupe , pour les laisser de côté.

C'est donc dans la culture de la Vigne, dans l'espérance de produire plus de vins, et dans l'espérance d'une plus grande exportation de ceux-ci, que les libre-échangistes cherchent une compensation aux faits, malheureusement si probables, que je viens d'énumérer. Voyons donc jusqu'où ils ont raison ; voyons donc si les cultivateurs actuels de Vignes y trouveront leur compte.

Nous l'avons déjà dit , une moitié de la France ne peut songer à produire des vins , et cette moitié , ruinée par le libre-échange , cessera d'en consommer, et de là diminution dans la consommation intérieure et cessation d'un débouché assez important pour les producteurs actuels. Mais ce n'est pas tout : en même temps que la consommation diminuera, il y aura une production plus grande, parce qu'il est indubitable que le cultivateur , qui n'aura plus intérêt à cultiver le Blé, qui n'aura plus intérêt à élever du bétail , cherchera en compensation à cultiver la Vigne, partout où il croira pouvoir le faire. La quantité de terres en Vigne s'accroîtra ; la quantité de vin récolté augmentera , et elle viendra faire concurrence aux vins qui sont déjà produits ; cette concurrence sera même d'autant plus puissante que ces vins nouveaux ne pourront être le produit que de Vignes plantées dans des sols de moins bonne qualité , sous des climats moins favorables , et que, par ces raisons , ils seront d'une qualité et d'un prix inférieurs. — Les Bordelais et les Champenois le savent mieux que tous les autres ; ils se sont plaints plusieurs fois amèrement de cette concurrence fâcheuse faite à leur industrie par une industrie qui ne pouvait donner d'aussi bons produits, et qui parfois cessait d'être loyale : espèrent-ils donc la voir diminuer, lorsqu'ils forceront des populations à chercher, malgré elles à créer de nouvelles Vignes si elles ne veulent pas se résigner à renoncer à tout bien-être? Non , le libre-échange ne délivrera pas de ce mal les producteurs de nos vins renommés ; il l'augmentera certainement. Je sais bien que les producteurs de vins que les libre-échangistes bercent de l'espoir de trouver une compensation très-productive dans une augmentation de consommation à l'étranger , proportionnellement beaucoup plus grande, croient à cet accroissement de demandes, et pensent qu'elle fera hausser les prix : examinons donc si cette espérance peut être fondée.

Pour arriver à cette plus grande demande de nos vins par l'étranger, que faudra-t-il ? Qu'au moyen de la réciprocité du libre-échange l'étranger admette nos vins en franchise de droit (c'est une supposition que je fais, et sur laquelle je reviendrai), en résultera-t-il une augmentation du prix ; car, bon gré, mal gré, si le prix n'augmente pas à l'étranger, je ne vois pas en quoi la richesse des producteurs de vins augmenterait.

Par quelle raison le prix des vins de France pourrait-il donc augmenter? C'est, disent les commissionnaires en marchandises , c'est , disent les libre-échangistes , que les étrangers, consommant les vins de France à meilleur marché, à cause de la suppression du droit, en demanderont davantage, et de là augmentation de prix sur le marché français. C'est que, disent-ils d'une autre manière, c'est que le droit d'entrée, supprimé sur le marché étranger, se décomposera à peu près de la manière suivante : moitié de ce droit profitera aux consommateurs, qui payeront cette moitié en moins, et l'autre moitié profitera aux producteurs, qui la recevront en plus. Voilà à peu près, si je ne me trompe, le raisonnement des libre-échangistes.

Dans ce raisonnement, je vois d'abord une chose, c'est que les producteurs de vins comptent pour peu les intérêts de ce qui n'est pas producteur de vins, c'est que peu leur importe le restant de la population, pourvu qu'ils augmentent leurs richesses.

La seconde chose que je vois dans cette espérance des producteurs de vins, c'est qu'ils se trompent lourdement.

Non, la diminution du prix sur les marchés étrangers, si elle avait lieu par la suppression des droits d'entrée, n'amènerait pas une plus forte consommation et une plus forte commande, et un haussement de prix pour le producteur.

Quand le produit d'une fabrication quelconque diminue, disent les économistes, le prix diminue, et la consommation augmente. Voilà ce que disent les économistes; mais l'expérience, elle, dit non; toute espèce de marchandise ne diminue pas proportionnellement pour le consommateur; le plus souvent elle ne diminue même pas du tout; on l'a vue même augmenter. Les commissionnaires en marchandises, les commissionnaires en vins, les courtiers, surtout ceux en vins, le savent bien; voici ce qui se passe, et cela pour beaucoup de denrées :

Il se crée entre le producteur et le consommateur une agence intermédiaire qui fait *seule*, je dis *seule*, entendez bien, les bénéfices de la baisse du prix, et cette agence intermédiaire est le commissionnaire en marchandises. Si les prix baissent de plus en plus, cet intermédiaire augmente; il devient même, dans ce cas, plus nuisible au consommateur et au producteur, en ce qu'il devient souvent un capitaliste;

un banquier, qui s'adjoint au commissionnaire et fait la hausse ou la baisse à sa volonté ou suivant sa puissance.

Je dis donc, les producteurs de vins ne profiteront pas de la baisse des prix que la suppression des droits d'entrée ferait subir aux vins sur les marchés étrangers; les commissionnaires en marchandises, les commissionnaires en vins seuls en profiteraient. Là où il n'y en a qu'un à présent, il y en aurait de suite plusieurs, dont les profits seraient au moins la différence du droit d'entrée supprimé. Ni le producteur ni le consommateur ne jouiraient donc de cette diminution des droits d'entrée.

Pour ne citer qu'un exemple à l'appui de l'effet de cette intervention d'intermédiaires entre les producteurs et les consommateurs en détail, je ne citerai que ce qui se passe relativement au commerce des draps. Depuis quarante ans, la fabrication s'est singulièrement perfectionnée; elle coûte infiniment moins cher. Les laines elles-mêmes ont baissé de prix; eh bien, le drap payé par le consommateur est, à qualité égale, souvent payé plus cher qu'il y a quarante ans. Entre le fabricant et les consommateurs, il y a les maisons de commissions, les marchands de tous genres et ensuite les tailleurs qui emportent la différence, sans aucun profit pour le plus grand nombre : les manufacturiers ont été les premiers à signaler cet état de choses.

Les producteurs de vins se trompent donc s'ils espèrent vendre plus cher à l'étranger leurs vins au moyen du libre-échange. Pour moi, au moyen du libre-échange, ils perdront le débouché qu'ils trouvent dans la France agricole, telle qu'elle est à présent et qui sera ruinée, et ils perdront ce débouché pour ne rien gagner à l'étranger. Ils le perdront de gaieté de cœur ce débouché, dans une époque où l'industrie de la culture de la Vigne est stimulée à l'étranger, fait tous les jours des progrès nouveaux et viendra certainement, un peu plus tôt, un peu plus tard, faire une concurrence redoutable à la nôtre sur ces mêmes marchés étrangers.

Jusqu'ici j'ai raisonné comme si, en adoptant la théorie du libre-échange, les vins seraient, comme toute autre marchandise, admis sans droits sur les marchés étrangers. Eh bien, pour moi cela n'est aucunement probable ; et cette conviction sera partagée par tous les publicistes, par ceux même qui adopteraient, sans réfléchir, la théorie dont il s'agit. La raison en est simple, c'est que, si on supprime les droits de douanes comme droits protecteurs, on conservera certains de ces droits *comme droits fiscaux* ; c'est que le vin étant la denrée dont toute nation peut se passer le mieux sans aucun désavantage pour elle, le vin sera toujours la matière la plus imposable, la matière sur laquelle les nations qui n'en produisent pas auront le plus de raison de prélever des droits pour remplir les coffres des finances. Ce sera certainement un des impôts qui fera le moins de jaloux, puisqu'il n'y aura que les classes riches et aisées qui le payeront ; et il sera d'autant plus élevé, que l'Etat, quel qu'il soit, aura le plus supprimé d'autres droits.

Que les commissionnaires en marchandises étrangères, qui ont seuls intérêt à défendre le libre-échange, exaltent les hommes qui professent cette théorie, je le conçois ; mais je crois que les propriétaires du sol agricole, que les cultivateurs, que les producteurs de vins eux-mêmes n'ont rien à y gagner, mais, au contraire, beaucoup à y perdre. — Que les producteurs de vins qui, de bonne foi, étaient partisans du libre-échange parce qu'ils le croyaient dans leur intérêt comme dans celui de la France se détrompent ! Quant aux étrangers qui espèrent que la partie de la France qui, ne pouvant être vinicole, deviendra un jour, pour les opulents commissionnaires de marchandises étrangères, des parcs de plaisance à courre et à tir, ils n'arriveront jamais à leur but, je le leur prédis ; parce qu'à peine le libre-échange serait-il essayé sur une échelle un peu large, que la diminution du travail national, la dépréciation rapide de la propriété, la diminution plus rapide encore dans les revenus du trésor, viendraient en démontrer l'absurdité et provoquer une réaction. Si, au contraire, malgré les avertissements qui arrivent de toutes parts, une espérance trompeuse dans les théories venait faire continuer le système, oh ! alors, mes prétendues exagérations deviendraient, je n'en doute pas, de tristes réalités.

Tous ceux qui afferment des terres, tous ceux qui en cultivent savent ce qu'elles coûtent à cultiver, et certes ils s'élèveront avec moi contre le système du libre-échange extérieur, appliqué aux produits agricoles de première nécessité.

Ce que je regrette pour la défense de la cause, c'est mon manque de talent nécessaire pour pouvoir convaincre; mais, malgré celui des libre-échangistes, je doute qu'ils puissent jamais tromper nos industriels et surtout les esprits clairvoyants qui sont appelés à présider à nos destinées. Malheureusement ils égarent nos classes ouvrières, et ils peuvent devenir cause de nouvelles séditions en promettant à ces classes ouvrières, dans les objets de première nécessité, une baisse de prix qu'il n'est pas possible de voir arriver, et qui, si malheureusement elle avait lieu, ne serait obtenue que par la cessation du travail national, et priverait tout à fait alors de moyens d'existence une partie de ceux qui en vivent actuellement.

Je finis en disant que, si le libre-échange n'a pas pour but ce qu'il semble demander, mais seulement l'examen des exagérations qui peuvent exister dans le système protecteur, oh! alors la production agricole n'a rien à craindre, car c'est elle peut-être qui doit être le plus protégée, à cause de l'augmentation de la population, et qui, sous ce rapport, mérite le plus la sollicitude du législateur.

Dans un autre article, j'examinerai sur quoi se fondent les libre-échangistes pour dire que l'agriculture n'est pas protégée.

Extrait des *Annales de l'agriculture française*, 1847.

PARIS. — IMPRIMERIE DE Mme Ve BOUCHARD-HUZARD, RUE DE L'ÉPERON, 7.

CE QU'IL ADVIENDRAIT

DE

L'AGRICULTURE EN FRANCE

AVEC LE LIBRE-ÉCHANGE,

par M. Huzard,

DÉLÉGUÉ AU CONGRÈS CENTRAL D'AGRICULTURE PAR LE COMICE AGRICOLE
DE NOGENT-LE-ROTROU.

DEUXIÈME NOTE (1).

> Cultivateurs et propriétaires du sol,
> pour vous rallier au système du libre-
> échange, on vous dit que vous n'êtes
> pas protégés. — Nous allons voir si on
> se trompe.

Dans un précédent article, j'ai fait voir pourquoi je croyais fermement que, dans l'état actuel des peuples, l'agriculture française serait en souffrance si on adoptait, à son égard, le système du libre-échange, si on lui enlevait le système protecteur ; mais je n'ai pas parlé des raisons que les libre-échangistes mettent en avant pour nous persuader, à nous autres agriculteurs et agronomes, que nous devons nous rallier à eux.

Ces raisons sont bien singulières, il est vrai ; mais, comme il y en a de spécieuses, qui peuvent séduire, il m'a paru intéressant de les examiner.

C'est ce que je vais essayer de faire.

On ne se douterait certainement pas de la première de

---

(1) Cette seconde note était aussi rédigée avant les séances du congrès ; des deux questions qui y sont traitées, une seule, la première, a été mise en avant par un des défenseurs du libre-échange ; mais il s'est senti sur un si mauvais terrain, qu'il l'a à peine traitée. Il n'a pas été question de la seconde.

Si je le puis, dans un troisième article je parlerai de tout ce qui a été dit en faveur du libre-échange ; on verra combien les arguments en sa faveur reposent sur des bases peu solides.　　　　　　　　　　H.

1

1847

ces raisons ; mais, comme je l'ai entendu répéter sérieusement par des hommes considérables , il faut bien en parler.

Voici cette raison ; elle se rapporte aux céréales :

« C'est que l'échelle mobile , qui abaisse ou élève le prix
« des céréales étrangères à leur entrée en France, suivant
« que les prix des céréales indigènes montent ou descendent
« sur les marchés intérieurs ; c'est que , disent les libre-
« échangistes, cette échelle mobile *ne protége en rien les cé-*
« *réales indigènes.* Voyez plutôt ! ajoutent-ils : c'est quand
« les prix haussent sur le marché intérieur, quand le
« cultivateur fait quelques bénéfices , qu'alors les prix des
« céréales étrangères diminuent à leur importation et
« qu'elles viennent faire une concurrence aux céréales in-
« digènes : où donc est la protection accordée à celles-ci ? —
« Et c'est, au contraire, quand le prix baisse sur le marché
« intérieur, à mesure que les céréales ont moins à craindre
« de la concurrence des céréales étrangères qu'on augmente
« le droit sur ces mêmes céréales étrangères ; c'est réelle-
« ment dérisoire, c'est absurde. Les producteurs de céréales
« sont bien bons , en vérité, de se croire protégés par une
« telle législation. »

D'où il résulte, pour les libre-échangistes, que la production des céréales n'est nullement protégée en France, et qu'elle ne doit son existence qu'à d'autres causes que l'échelle mobile qui régit l'importation.

Cette argumentation n'est heureusement pas difficile à détruire.

Et, d'abord, elle met les libre-échangistes en contradiction ouverte avec les hommes d'État, avec les législateurs qui ont fait la législation , et qui l'ont faite dans le but de protéger la production des céréales, puisqu'ils ont annoncé ce but ; autrement, s'ils n'avaient voulu que donner le pain au meilleur marché possible, ils se seraient contentés de laisser entrer les céréales étrangères sans aucun droit.

Qui donc a tort , ou des libre-échangistes qui prétendent que cette législation manque tout à fait son but et qu'elle est réellement dérisoire, ou des hommes d'État, des législateurs qui ont fait cette législation ?

Il me semble que, malgré le mérite des libre-échangistes, il n'y a pas de raison de penser que les hommes d'État n'en avaient pas un peu de leur côté ; il est même à croire qu'ils s'étaient entourés de documents, et même de lumières cherchées parmi les hommes les plus compétents en pareille matière.

Sans faire tort aux libre-échangistes, on peut donc, de prime abord, douter qu'ils aient raison : je dis plus, je dis que tout homme sage doit au moins avoir ce doute.

Voyons donc, maintenant, si les faits viennent à l'appui de cette opinion, que l'échelle mobile ne protége réellement pas la production des céréales en France.

Un fait s'est produit, c'est que, sous la législation de l'échelle mobile, les céréales, en France, ont toujours conservé un prix rémunérateur ; c'est qu'elles ne sont pas descendues, ou que très-momentanément par exception, au-dessous du prix de revient ; c'est que leur production a continué à augmenter avec une culture qui se perfectionne et qui s'étend, petit à petit, à des terres nouvellement défrichées ; c'est que, ni dans les ports de la Méditerranée ni dans ceux de l'Océan, il ne s'est fait des approvisionnements qui ont fait baisser les prix ; et à Marseille même, où les prix des céréales sont plus élevés que dans plusieurs autres parties de la France, on n'a pas vu, dans nos temps ordinaires, les Blés de la Crimée, malgré leur bas prix de 4 à 7 fr. l'hectolitre, venir déprécier nos Blés méridionaux.

Ce fait est déjà pour beaucoup, il me semble, en faveur de cette législation de l'échelle mobile, et il me suffirait, sans avoir besoin d'être commenté, pour me montrer que cette législation a atteint son but ; mais il devient bien autrement concluant quand on en cherche l'explication. —On va voir, en effet, que cette législation protége bien autrement que des droits fixes la production des céréales indigènes ; *on lui a reproché même d'être égale à une prohibition.*

Quand le législateur a fait la loi, il s'est préoccupé de deux choses : ce qu'il voulait d'abord, c'est que la France produisît toutes les céréales dont elle avait besoin, afin qu'elle ne fût pas exposée à en manquer en temps de guerre; il a donc cherché quel pouvait être le prix moyen de revient de nos céréales en France, et il n'a pas voulu que, à un prix inférieur, les céréales étrangères vinssent leur faire une concurrence ruineuse sur le marché intérieur. — Je ne pense pas que cette prévoyance du législateur puisse être regardée comme mal fondée, à moins d'être optimiste au point de croire à une paix perpétuelle.

Quand donc le prix moyen de revient de l'hectolitre de céréales a été établi, on a fixé le droit de douane ou le droit d'entrée des céréales extérieures de manière à maintenir ce prix de revient sur le marché intérieur. On a même été plus loin; on s'est fait cette objection : mais, si ce droit d'entrée était un peu trop bas, ou si les céréales étrangères tombaient à si bas prix qu'elles pussent entrer encore en concurrence avec les nôtres sur le marché intérieur, le but ne serait pas atteint. Pour éviter cet inconvénient, on a alors pensé qu'il faudrait augmenter le prix d'entrée à mesure de la baisse sur le marché intérieur; on s'est dit : si des céréales étrangères, malgré le droit d'entrée, faisaient concurrence et faisaient fléchir le prix sur le marché intérieur, une augmentation proportionnelle sur le droit d'entrée arrêterait cette concurrence et rétablirait les prix. — la l'échelle mobile qui hausse le prix d'entrée à mesure que le prix baisse sur nos marchés. Elle n'a pas été, certes, faite dans la prévision d'une diminution de prix provenant d'une abondante récolte, ou plutôt de plusieurs récoltes abondantes, qui peuvent faire baisser les prix; mais elle a été faite justement pour empêcher une importation trop considérable, qui aurait pu faire le même effet que ces récoltes abondantes successives. — Il est évident pour tout le monde qu'il y a là un droit protecteur bien positif, et est si positif, qu'il n'a pas permis aux commerçants étrangers en grains d'établir aucune spéculation relativement aux prix des céréales sur nos marchés, comme l'aurait pu faire un droit fixe. — En effet, avec celui-ci, le commerce étranger aurait pu approvisionner nos marchés malgré une baisse croissante, tant que ce commerce étranger aurait eu un bénéfice ou, mieux, un intérêt quelconque à cet approvisionnement. Avec l'échelle mobile, le prix d'entrée augmentant d'une manière proportionnelle avec la baisse sur le marché intérieur, il élève assez rapidement le prix des céréales étrangères pour ôter tout bénéfice à leur spéculation ; il empêche ainsi cette spéculation. Aussi le prix des céréales en France reste-t-il à un prix moyen, tant que des circonstances intérieures ne viennent pas modifier la quantité récoltée ; aussi les commerçants en grains étrangers accusent-ils l'échelle mobile d'empêcher toute spéculation, tout approvisionnement, et lui reprochent-ils d'être l'égale d'une prohibition. On voit combien, sous ce rapport, ils diffèrent d'opinion avec les libre-échangistes.

Passons maintenant au second but de l'échelle mobile.

Tout en voulant conserver au producteur français l'approvisionnement du marché intérieur à un prix convenable, le législateur ne voulait point cependant que, dans les temps où les céréales éprouveraient les intempéries des saisons et où la récolte ne pourrait pas suffisamment approvisionner les marchés, le consommateur pût manquer de cet aliment, le plus nécessaire en France. Qu'a fait alors le législateur ? l'inverse de ce qu'il faisait dans le cas précédent ; c'est-à-dire que, à mesure que le prix des céréales intérieures augmentait, il a diminué le droit d'entrée sur les céréales extérieures, afin que celles-ci pussent venir fournir la quantité qui manquait à la consommation, afin qu'elles pussent, s'il était possible, empêcher une augmentation de prix pour les classes ouvrières.

Certes, à ce moment, la protection diminue, c'est vrai ! et elle cesse à peu près tout à fait quand le prix sur le marché intérieur est trop élevé. Mais le législateur ne devait-il prendre que l'intérêt du cultivateur ? ne devait-il pas prendre aussi l'intérêt du consommateur ? Le cultivateur, protégé de manière que son prix de revient et un certain bénéfice lui étaient assurés dans les années ordinaires et d'abondance, devait-il demander davantage quand il s'agissait de la nourriture, de la vie ou de la mort des autres classes ouvrières ; quand il s'agissait peut-être même de sa sécurité personnelle ? Non, il ne pouvait pas demander davantage. Non, le législateur ne devait pas lui concéder sa demande, s'il l'eût faite. Dans ce temps de pénurie générale des céréales, le cultivateur est assez payé par l'augmentation de la valeur de celles qu'il a récoltées, et, bien souvent, les années de malheur public sont pour lui des années de richesses.

Des personnes, des commerçants surtout, ont même, dans les cas où le prix des céréales arrivait au point de nécessiter une diminution sur le droit d'entrée, ont même, dis-je, accusé l'échelle mobile de ne point atteindre le but que le législateur s'était proposé, celui d'amener une concurrence assez prompte aux céréales indigènes, et cela, parce que cette échelle, trop mobile, ne laissait pas un temps suffisant aux expéditions de se calculer et de se faire ; d'où il résultait un empêchement manifeste aux commerçants en grains de diriger des expéditions, en France, en temps opportun, et d'où il résultait une protection exagérée pour les céréales intérieures, dans ces moments de pénurie. On voit combien ces personnes, ces commerçants sont loin de penser que la production des céréales n'est point protégée en France.

S'il y a un vice dans l'échelle mobile, ce vice se révèle donc dans cette dernière éventualité, et il ne se traduit pas par un manque de protection, mais, au contraire, par une protection inopportune qu'on n'aurait pas voulu pour le producteur indigène de céréales.

Mais en voilà trop à ce sujet. On m'accusera peut-être de me battre contre des moulins à vent : ce ne sera pas à tort, je l'avoue, qu'on formulera cette accusation, que je me serais épargnée si, je le répète, je n'avais entendu l'argu-

ment que je combats sortir de la bouche d'hommes considérables.

Passons maintenant aux autres arguments sur lesquels les
libre-échangistes s'appuient pour dire que l'agriculture n'est
pas protégée.

C'est, disent-ils, que les pouvoirs publics n'ont pas donné
à l'agriculture les institutions qui lui manquent pour qu'elle
puisse cultiver à meilleur marché.

Ainsi elle manque

1° D'un enseignement agricole qui instruise les cultivateurs de la théorie agricole de la culture et des procédés
économiques ;

2° De lois qui protégent la propriété agricole et qui dé-
barrassent le cultivateur d'usages, de coutumes qui viennent l'empêcher de tirer tout le parti qu'il pourrait de ses
terres, tels, par exemple, que le parcours et la vaine pâture ;

3° D'un bon système de crédit agricole qui permette à
l'agriculteur de trouver des capitaux à aussi bon marché
que les autres industries.

Si je ne me trompe, tels sont les arguments des libre-échangistes. Certes, je n'aurais pas pris la plume pour les discuter, si quelques agronomes, et surtout quelques propriétaires
fonciers, ne s'étaient laissé séduire et n'avaient pas semblé
croire que, une fois que ces améliorations auraient été obtenues, l'agriculture française aurait pu produire à aussi
bas prix que certaines autres régions du globe ; si, enfin,
ces mêmes personnes n'en avaient pas tiré cette conséquence,
que les libre-échangistes, en demandant les institutions qui
manquaient à l'agriculture, loin de lui être hostiles, pre-
naient ses intérêts, et qu'elle devait se rallier à eux.

Je ne suis pas de cet avis ; je crois que l'agriculture doit
être antagoniste du libre-échange.

Quelques-uns de messieurs les libre-échangistes disent en
vain qu'il ne s'agit pas maintenant d'enlever à l'agriculture
les réglements qui, selon moi, la protégent aux frontières,

et qui, selon eux, la protégent bien peu ; qu'il s'agit seulement d'obtenir les institutions qui lui manquent et dont nous venons de parler, et que, lorsque l'agriculture les aura obtenues, on verra alors si elle doit se prononcer pour ou contre le libre-échange.

Eh bien, je réponds que l'agriculteur ne doit pas accepter cette transaction ; je dis que, dès à présent, elle doit se prononcer contre le libre-échange ; car, eût-elle obtenu toutes les institutions qu'elle réclame, elle ne pourrait supporter la concurrence des céréales des pays à population Serve ou des pays à population très-rare dans lesquels la culture des céréales pourrait se faire sur de vastes échelles.

Je ne dis pas, pour cela, qu'il faille nous reposer sur le système protecteur et ne rien faire pour notre agriculture, Dieu m'en garde ! une population toujours croissante nous fait trop sentir le besoin de produire des subsistances en plus grande quantité pour que nous nous endormions à ce sujet ; mais tout en poursuivant de tout notre pouvoir l'accomplissement de nos vœux à cet égard, tout en poussant l'administration dans la tâche qu'elle a à accomplir et qu'elle semble vouloir commencer à entreprendre par la loi de l'abolition du parcours et de la vaine pâture annoncée aux chambres, n'attachons pas une importance trop grande aux institutions dont il s'agit, *qui certainement augmenteront la production en France, augmenteront la richesse agricole, mais ne diminueront en aucune manière le prix de production.*

Arrivons donc à la recherche des effets réels, des résultats qui découleraient de ces institutions.

Nous commencerons par l'examen d'une mesure législative qui établirait, comme l'on dit, le crédit agricole.

Je parle ici du *crédit agricole* et non du *crédit foncier*; je pense qu'ils sont entièrement différents.

Et d'abord tous les cultivateurs ont-ils besoin d'emprunter de l'argent pour cultiver la terre ? n'y en a-t-il pas de riches comme il y en a de pauvres ? le plus grand nombre même a-t-il besoin d'emprunter de l'argent pour cultiver ?

Non, certainement !

Maintenant, la terre est-elle donc si mal cultivée en France, que, même là où il y a des cultivateurs riches, aisés, il soit possible de lui faire produire des denrées plus qu'elle n'en produit, et cela d'une manière économique ?

En réponse à cette question, qui osera dire que, dans notre ancienne Ile-de-France, que dans une partie de notre Picardie, de notre Beauce, de notre Brie, de notre Normandie, que dans une partie de nos départements du midi, qui sont bien cultivés, on pourra, en y versant des capitaux à meilleur marché, faire produire au sol, qui y est déjà bien cultivé, je le répète, une masse de produit suffisamment plus abondante pour rembourser avec intérêt, au moyen d'une agriculture plus perfectionnée, les capitaux qu'on y jetterait ? Moi, je dis non ; je dis que, dans les parties de la France qui sont les mieux cultivées, il n'y a pas moyen de dépenser avec fruit des capitaux nouveaux ; que là ces capitaux, dépensés le seront en pure perte, *parce qu'il est un point de fertilité en agriculture économique, en agriculture bien dirigée, bien entendue, qui, une fois qu'il est atteint, ne peut plus être dépassé sans coûter plus qu'il ne produit.*

C'est pour cela que les idées d'agriculture perfectionnée sont venues produire ces mécomptes qui ont ruiné quelques expérimentateurs et qui ont éloigné, à tant de si justes raisons, les possesseurs de capitaux de les risquer dans des cultures *perfectionnées* ; je dis perfectionnées, parce que, s'il y a des risques à courir dans les cultures perfectionnées, il peut y avoir avantage à employer ces mêmes capitaux là où la culture est arriérée et où le sol, par une culture ordinaire bien entendue, peut produire beaucoup plus qu'il ne produit encore.

Je dis donc que l'agriculture, dans une partie de la France, est bonne, bien entendue ; que les capitaux qui y sont employés sont suffisants, et que ceux qu'on viendrait à y ajouter y seraient perdus.

Voyons maintenant l'emploi des capitaux dans les parties de la France où l'agriculture est encore arriérée et où le sol peut produire bien davantage avec une *bonne agriculture ordinaire*.

Parcourons le centre de la France et l'ouest, les contrées où la culture est le plus arriérée. Que voyons-nous dans ces contrées? Au milieu des exploitations rurales et peu productives mal cultivées, nous en trouvons de bien tenues, de riches même, puisque leurs possesseurs se sont enrichis. A qui appartiennent-elles? Ce n'est ni à des fermiers, ni à des métayers, ni à des propriétaires exploitant par domestiques ou à façons, mais au cultivateur lui-même, au propriétaire exploitant par lui-même avec sa famille. Demandez à ce propriétaire, à ce cultivateur comment il a fait; demandez-lui les capitaux qu'il possédait quand il a commencé, quand il a reçu son héritage. Ses capitaux, c'étaient ses bras, sa femme, ses enfants, quelque bétail, *et le temps devant lui*; *le temps*, je le répète. Quant à sa bourse, c'était moins que rien; peut-être des dettes, des remboursements à faire à ses cohéritiers pour la part de l'héritage qu'il prenait. Eh bien, il a réussi, il a payé; son avoir a augmenté, son héritage est bien cultivé, rapporte en produit net le double de ce qu'il rapportait, et il n'a pas emprunté. Qu'a-t-il donc fait? Il a mis toutes ses rentrées dans sa culture, toutes ses rentrées en améliorations. Ses rentrées étaient bien peu de chose, et elles n'auraient pas suffi, dira-t-on. C'est vrai, j'en conviens; aussi il a ajouté à ses rentrées une autre chose, à laquelle nos agronomes ne pensent pas pour la plupart, à laquelle nos libre-échangistes pensent encore moins, et qui est *tout* en agriculture, je veux dire *le temps*; car ce n'est pas tant avec l'argent qu'avec le temps qu'on améliore un sol, qu'on le rend plus fertile. Ceux qui apporteront de grands capitaux les perdront, c'est pour moi une certitude; ceux qui apporteront du temps, au contraire, et de petits capitaux seront sûrs de ne perdre ni l'un ni les autres : pourvu qu'ils les dépensent avec intelligence, ils gagneront bien plus d'ar-

gent que ceux qui auront apporté de l'argent. Mais ceci demande une explication ; je vais m'efforcer de la donner :
je demande pardon des développements qu'elle exigera, mais
ils sont indispensables.

Disons d'abord que nous n'entendons point parler ici
d'aucune industrie agricole accessoire, mais qu'il ne s'agit
que de l'industrie qui tire un produit quelconque de la terre
et non de l'industrie qui transforme ce produit, et qui peut
être séparée de l'industrie agricole proprement dite ; qu'il
ne s'agit donc que de la culture des terres et de la production des bestiaux ; qu'il ne peut s'agir même de l'engraissement de ceux-ci qu'autant que cet engraissement n'exige
aucune denrée autre que celles qui proviennent directement
de la culture du sol. Il ne s'agit donc point de ces améliorations agricoles qui consistent dans de vastes défrichements,
dans de vastes desséchements ; il ne s'agit donc ni de distil-
lerie de grain, ni de féculerie, ni d'huilerie, etc. Pour nous,
tout cela constitue des industries en dehors de l'agriculture,
et qui , pour les dernières, si elles peuvent être jointes à une
exploitation rurale, ne constituent aucune partie de l'agriculture, ne sont, en aucune façon, l'industrie agricole elle-
même et en sont tout à fait distinctes ; pour celles-ci le *crédit foncier* bien établi peut être une bonne institution.

Ceci bien entendu, continuons.

En agriculture, il y a deux sortes de dépenses à faire : des
dépenses d'amélioration foncière et les dépenses de culture :
ces deux sortes de dépenses se rapportent aux deux sortes
de dépenses d'une industrie quelle qu'elle soit, et qui sont
les dépenses d'établissement et les dépenses du capital circulant.

Dans une industrie autre que l'industrie agricole, on sait
que les dépenses d'établissement doivent rentrer au moyen
des bénéfices dans un temps donné ; cela est d'autant plus
dans l'ordre des choses que les circonstances industrielles
peuvent changer dans un temps court, et que toutes ces
dépenses d'établissement seraient perdues si elles ne ren-

traient pas rapidement. Il est même telle entreprise industrielle dont les capitaux d'établissement, avec leurs intérêts et bénéfices, doivent rentrer dans l'espace de quelques années, de quatre ou cinq ans, parce que l'on ne compte que sur une vogue de peu de durée.

En est-il de même en agriculture?

Je sais que beaucoup de personnes qui ont voulu faire de l'agriculture ont calculé comme agissant dans la même circonstance que tout autre industriel ; mais je sais aussi qu'elles ont perdu leurs capitaux, mais je sais aussi que cela devait être, mais je sais aussi que cela arrivera toujours en pareille circonstance.

Le capital d'une amélioration importante en agriculture ne rentre que bien rarement à celui qui le fait ; souvent même il ne se transforme pas immédiatement, pour lui, en intérêt ordinaire de l'argent. Pour le plus grand nombre de cas, cet intérêt ne commence que lorsque la terre a eu le temps de profiter de l'amélioration, c'est-à-dire plusieurs années après que l'amélioration a été faite, parce que, ainsi que nous l'avons dit, la terre ne s'améliore pas dans une année, mais seulement après une rotation de cultures de plusieurs années : c'est là, selon moi, la principale, la grande cause des revers en agriculture. On ne sait pas assez encore que celui qui améliore le sol doit s'attendre à ne retirer les fruits de ses dépenses que plusieurs années après, et que ce n'est, la plupart du temps, que lorsque des fermiers se seront enrichis, que le capital d'amélioration pourra rentrer par une valeur proportionnelle plus considérable de la propriété, et par une augmentation marquée dans les fermages ; *jamais par la rentrée même du capital*, si ce n'est dans des cas exceptionnels très-rares. Celui qui améliore en agriculture place donc son capital plutôt pour l'augmentation du bien-être de ses enfants que pour l'augmentation de son bien-être à lui.

Conseillez donc à quelqu'un d'emprunter de l'argent pour améliorer un bien-fonds, quel que soit le minime intérêt auquel il empruntera cet argent, s'il n'est pas dans la position de pouvoir se passer de cet argent, ou au moins dans celle de pouvoir aliéner ce capital à tout jamais, pour n'en recevoir l'intérêt seul que dans un temps éloigné et incertain, jamais on ne pourrait lui donner une cause plus réelle de regrets.

Pour des améliorations foncières, il ne faut donc pas emprunter de l'argent ; ce n'est qu'avec de l'argent comptant qu'il faut agir, et encore avec de l'argent dont on n'a pas besoin des intérêts.

À quoi bon, je le demande pour ce premier cas, serviront des banques agricoles ou un crédit agricole quelconque? Pour moi, la facilité d'emprunter de l'argent serait une source de ruine pour les propriétaires ; à plus forte raison en serait-ce une pour un fermier, à quelque titre que ce soit.

Examinons maintenant à quoi des capitaux empruntés serviraient par rapport au capital de roulement.

Il faut encore ici prévoir deux cas : celui d'une exploitation rurale en bon état de culture, et celui d'une exploitation rurale en mauvais état, dans laquelle on doit, avec quelque raison, espérer augmenter la fertilité du sol.

1° Dans une terre en bon état.

Quand une terre est bien cultivée depuis longtemps, quand toutes les améliorations y ont été faites, quand on sait sa fertilité première et la fertilité accessoire qu'elle peut acquérir par la culture (et les cultivateurs praticiens des bons pays savent cela mieux que tous les agronomes), on sait aussi le capital roulant qu'il faut employer pour cultiver cette terre avec fruit ; on sait quel le mobilier doit être de tant, le bétail, ou le mobilier vivant, de tant ; que le capital circulant doit se monter à la somme de, et enfin qu'un capital de réserve doit aussi être tout prêt pour parer à des accidents imprévus. Le propriétaire du sol, si c'est lui qui veut cultiver, sait donc quel capital il va employer et l'intérêt qu'il en tirera. Si c'est un fermier qui prend l'exploitation rurale, il sait également le capital qu'il lui faut ; il voit le fermage qu'on lui demande : c'est à lui à calculer quel intérêt il veut retirer de son capital, et quel bénéfice il veut de son temps et de son industrie. Eh bien, l'intérêt qu'il peut tirer de son capital est un intérêt bien minime, parce que, en agriculture, il en est ainsi depuis longtemps ; le cultivateur qui prend une ferme ne compte souvent même pas son temps, son industrie pour quelque chose, et, si, au bout de son bail, il peut avoir retiré et accumulé l'intérêt de ses capitaux à 5 pour 100, il sera très-heureux. A la fin de son bail, il trouvera des compétiteurs qui voudront le prendre à 4 pour 100 et qui, peut-être moins intelligents que lui, ne retireront pas cet intérêt.

Donnez donc de l'argent à intérêt à ce cultivateur ; donnez-lui-en à 5 pour 100, qu'aura-t-il gagné au bout de son bail ? Celui qui aura fait valoir ses capitaux à ce taux se trouvera gros Jean comme devant ; il aura vécu, et voilà tout ; celui qui n'aura pas pu le faire valoir à ce taux sera endetté, ruiné. — Et soyez bien persuadé que la facilité de trouver des capitaux augmenterait le nombre des cultivateurs qui se servent du crédit, augmenterait la concurrence entre les fermiers, augmenterait rapidement le nombre de ceux qui se ruineront, et ferait que l'argent cesserait de nouveau bien vite d'aller à l'agriculture.

2° Dans une terre en mauvais état, mal cultivée et dont le prix de location serait inférieur au prix de location des autres terres de même fertilité première.

Sous le rapport de la facilité de trouver de l'argent à un taux raisonnable, le cultivateur a-t-il intérêt à emprunter de l'argent pour cultiver un semblable sol ?

Pour moi, c'est même encore, dans ce cas, une question. Si le cultivateur est intelligent, s'il réunit toutes les conditions qui font le cultivateur, s'il connaît bien les ressources locales, s'il a surtout un long bail, il pourra réussir, je n'en doute pas ; mais est-il donné au plus grand nombre d'avoir les qualités principales du bon cultivateur ? Examinons donc la question le mieux possible dans l'intérêt de la vérité.

Tous les agriculteurs savent que, quand on prend une terre en mauvais état, les dépenses des premières années excèdent de beaucoup les revenus ; ils savent que tous ceux-ci passent dans les moyens employés pour augmenter la fertilité accessoire ou acquise du sol, et que ce n'est qu'après quelques années d'amélioration que le cultivateur peut commencer à reconstituer le capital de roulement et ses intérêts. Supposons donc qu'un cultivateur entre dans une propriété telle que celle dont il s'agit, sans le capital nécessaire pour la faire valoir ; que va-t-il devenir ? La première année, il emprunte ; la seconde année, s'il a emprunté, la première année, tout le capital nécessaire pour le temps de son faire valoir ; il paye les intérêts de ce capital et il ne retire rien ; la deuxième, il en est encore de même ; la troisième, c'est encore la même chose : s'il est fermier, il a dû, de plus, augmenter ce capital emprunté d'une somme égale à trois fermages. Voilà déjà trois années écoulées sans rien recevoir, trois années écoulées pendant lesquelles une partie du capital s'écoule sans rien produire ; eh bien, ces trois années sont quelquefois insuffisantes : supposons cependant qu'elles soient suffisantes, les autres années se trouvent grevées de cet intérêt, de ces fermages, de l'impôt des trois années antérieures ; mettons que, dans les quatrième, cinquième et sixième années, les rentes et les dépenses, intérêts compris, se compensent, ce ne sera que dans la septième année, au plus tôt, qu'il pourra commencer à rembourser le capital emprunté. Au prix où sont les produits du sol, au prix où la concurrence a élevé les fermages, aura-t-il, pendant les neuf ans de son bail, retiré de la terre le capital emprunté, l'intérêt de ce capital et un surplus d'intérêt pour le payer de ses peines et de son temps ? Il y en a beaucoup qui se croiront heureux s'ils ont vécu, élevé leurs familles, et s'ils ont mis quelques épargnes de côté. Il y en a beaucoup aussi qui se trouveront avoir des dettes au lieu d'épargnes. S'en trouvera-t-il quelques-uns qui auront fait de bonnes affaires? Oui, je le crois ; je le répète : cependant je ne conseillerais jamais à qui que ce soit d'emprunter, même à 5 pour 100, la grande partie du capital qui lui sera nécessaire pour faire valoir une exploitation rurale.

Un crédit agricole, quelque bien basé qu'il soit, donnera-t-il aux cultivateurs de l'argent à 5 pour 100? Je n'en sais rien : ce que je redoute, c'est que la facilité de trouver de l'argent à bon marché ne multiplie les catastrophes agricoles, et n'éloigne de plus en plus de cette profession les gens intelligents et possesseurs de capitaux.

D'après ce qui précède, on doit voir que je crois que l'on s'exagère de beaucoup les services qu'un crédit agricole bien fondé doit rendre à l'agriculture, et, sous ce rapport, j'accepte d'avance tout le blâme, tout le dédain qu'une pareille opinion va faire déverser sur moi. Peu m'importe si je me trompe, tant pis pour moi ; je demande seulement aux hommes non prévenus qui savent ce que c'est que la pratique agricole, de réfléchir un peu avant de me condamner, et je m'en rapporte à eux.

Mais la question doit être, il me semble, vue encore d'un autre point.

La manière dont je viens d'envisager le crédit agricole est-elle suffisante? non certes ; car, si je me trompais, on en tirerait probablement la conclusion à laquelle les libre-échangistes veulent arriver, que, avec les institutions qu'ils réclament, l'agriculture n'aurait plus besoin d'être protégée, et qu'elle se défendrait de l'envahissement des produits étrangers.

Examinons donc la question comme si je me trompais relativement aux résultats des institutions de crédit agricole.

Et posons la question suivante :

Si l'agriculture trouvait des capitaux à bien meilleur mar-

ché (et en supposant qu'elle fût instruite et libre de toute contrainte), pourrait-elle produire à meilleur marché qu'elle le fait actuellement ?

Faisons cette question à un bon cultivateur propriétaire qui n'a pas besoin de capitaux, qui se trouve, par conséquent, dans la meilleure position de résoudre la question et de donner une réponse. Il me semble le voir sourire, et peut-être demander si la question est sérieuse.

Faisons maintenant la même question à un fermier placé dans le même pays, dans les mêmes circonstances que le propriétaire cultivateur ; sa réponse sera celle-ci : Ce n'est pas là ce qu'il faut pour que nous puissions donner nos denrées à meilleur marché, il faut diminuer la valeur des baux. Que dira alors le propriétaire du sol, dont la fortune diminuerait en raison de la diminution des baux ?

Passons maintenant dans une contrée mal cultivée, arriérée sous le rapport de l'agriculture, où il y a de bonnes améliorations à faire. Dans ces contrées, la présence de capitaux à bon marché pourra-t-elle faire que les produits obtenus du sol seront à plus bas prix et seront livrés à la consommation à un plus bas prix ? cela n'est pas probable, par la raison suivante : c'est d'abord que le capital d'amélioration qui ne sera jamais amorti, doit demander à perpétuité un intérêt à prélever sur les produits ; c'est qu'ensuite la consommation, en France, est plus grande que la production ; c'est que le producteur, trouvant un prix établi et qu'on lui donnera, n'offrira certainement pas sa marchandise à un prix inférieur ; il profitera du prix du marché et voilà tout. La quantité de produits nouveaux qu'il jettera sur le marché viendra seulement faire concurrence aux produits similaires étrangers et diminuer leur importation.

Mais allons à l'extrême : supposons que les capitaux étant à bas prix, que l'instruction agricole étant répandue dans les classes des praticiens, que les obstacles qui encore, dans quelques points de la France, s'opposent à la libre jouissance des propriétés agricoles étant abolis, il en résulte que la production des céréales aille, en peu de temps, au delà de la consommation ; en résultera-t-il une baisse dans le prix des céréales ? je ne le crois pas. Voilà, selon moi, ce qui arrivera sous le système actuel : c'est que, si les céréales, par leur abondance, cessent de donner un prix rémunérateur suffisant, on cultivera alors davantage les denrées qui nous manquent ; la première chose, c'est qu'on fera plus de bestiaux, parce que c'est cette production qui est la plus avantageuse à l'agriculture, et elle repoussera d'autant la production étrangère ; on fera plus de chanvre, plus de lin en grande culture, on fera plus de plantes tinctoriales, on fera plus de racines, et on se gardera bien de demander l'abolition d'une protection agricole qui, en permettant une concurrence étrangère, viendrait annuler, détruire d'aussi beaux résultats.

Mais, je le répète, l'institution d'un crédit agricole, la diffusion des connaissances agricoles et l'abolition des obstacles qui s'opposent à la pleine jouissance du sol ne produiront point assez rapidement une production agricole telle, que le prix des denrées puisse diminuer sur le marché intérieur ; il est à espérer seulement que ces institutions donneront une production nouvelle en rapport avec l'accroissement de la population : aussi l'agriculture n'a-t-elle pas peur de se créer à elle-même des concurrents intérieurs ; elle n'est pas dans la position des fabriques, dont la production peut s'améliorer tout à coup par des produits nouveaux, par des circonstances nouvelles, et venir faire une concurrence redoutable à la fabrique voisine.

Le maximum de sa production, à elle, est invariablement fixé sur la fertilité maximum du sol, qui ne peut être augmentée indéfiniment, qui ne peut être même portée à son maximum d'une manière économique dans les cultures en grand. Les pays bien cultivés, riches par leur culture, demandent donc les premiers que le législateur vienne au secours de ceux qui le sont mal par suite de circonstances indépendantes du cultivateur. Ils sont les premiers à recon-

naître que la population croissante a besoin d'un accroissement de subsistances, et ils ne craignent en aucune manière
cet accroissement de subsistances , cet accroissement de productions intérieures qui se fera sous les mêmes conditions où
leur industrie a été exercée et où elle s'exerce actuellement ;
mais ils demandent que la protection qui leur a été accordée
jusqu'à ce jour contre l'introduction des productions similaires étrangères soit maintenue, parce qu'il est grande-
ment probable, sinon presque certain, que, si cette protection cessait, la production des denrées de première nécessité
ne serait plus suffisamment rétribuée, qu'alors une grande
partie du sol de la France perdrait de sa valeur, et que la
majorité des citoyens, ceux qui vivent et ceux qui sont riches des produits de ce sol, tomberaient dans la gêne et la
souffrance.

Dans un autre article, je comptais examiner si la diffusion
de l'instruction agricole , si l'abolition des entraves à la
jouissance entière de la propriété agricole viendraient augmenter la masse des subsistances de manière à pouvoir produire dans le prix des céréales et des bestiaux une diminution
qui permettrait à ces denrées de se passer de la protection
~~étrangère~~ ; les discussions qui ont eu lieu au congrès central
d'agriculture m'ont prouvé que cet examen était inutile ; il
est d'autres questions économiques à résoudre.

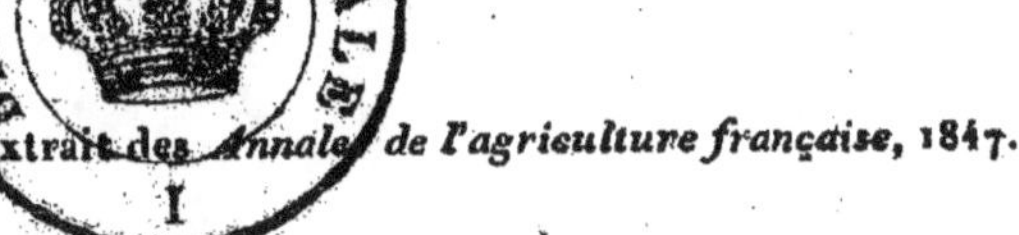

Extrait des *Annales de l'agriculture française,* 1847.

I

Paris.—Imprimerie de Mme Ve BOUCHARD-HUZARD, rue de l'Éperon, 7.